뇌 훈련 · 노화방지에 도움되는

어른을 위한
낱말 퍼즐 ①

건강 100세 연구원 지음

Vitamin Book
헬스케어

뇌 운동으로 뇌를 젊게!

사람이 나이를 먹어 노화가 진행되면 뇌도 함께 늙어갑니다. 뇌의 인지능력이 떨어져서 새로 배운 것을 기억해 내는 힘은 점점 저하되지만 지혜나 지식, 경험은 나이를 먹을수록 축적됩니다. 오랫동안 지식이나 경험이 계속 쌓이다 보니 삶에서 우러나온 지혜는 오히려 젊은이들보다 뛰어난 경우가 많습니다.

뇌는 나이와 상관없이 변화하고 발달할 수 있습니다. 그러므로 뇌를 잘 알고 관리하면 노화의 속도를 늦출 수 있으며 기억력도 더 좋아질 수 있습니다. 때때로 생각이 나지 않는 상황과 맞닥뜨릴 때는 나이를 탓하며 포기하지 말고 기억력 향상에 도움을 주는 방법을 찾아 노력해 봅시다.

뇌가 젊어지는 방법

1) 꾸준히 두뇌 활동을 한다 : 손을 사용하여 뇌를 자극하면 좋습니다. 종이접기, 색칠하기, 퍼즐 등을 자주 풀면 뇌의 기능을 향상시킬 수 있습니다.

2) 몸을 움직인다 : 유산소 운동이나 근육 운동을 늘립니다. 근육 운동뿐 아니라 사회활동과 긍정적인 사고를 하는 사람은 치매에 걸릴 확률이 낮아집니다. 걷기, 등산, 수영, 명상 등 운동을 꾸준히 합니다.

3) 식사에 신경을 쓴다 : 뇌를 지키기 위해서는 제때에 규칙적으로 식사하고 생선·채소·과일 등을 많이 섭취하며 기름진 음식은 자제하도록 합니다. 특히 비만이 되지 않도록 체중 조절에 신경 써야 합니다.

4) 사람들과 적극적으로 교류한다 : 다양한 인간관계를 유지하고 여러 사람과 교류하도록 노력해야 합니다. 봉사활동 등을 통해 좀 더 다양하고 친밀한 사회적 관계를 맺을 수 있습니다. 홀로 집에만 있지 말고 밖으로 나가서 만나도록 합시다.

머리말

낱말 퍼즐이 유행하기 시작한 것은 상당히 오래 전의 일입니다.

문제를 온전히 다 풀어내기 위해서는 가로세로 열쇠를 다 읽으면서 여러 가지로 정답을 유추해 봐야 합니다. 교차하는 글자가 맞는지 검증도 해봐야 하지요. 결론을 말씀드리자면 낱말 퍼즐을 많이 규칙적으로 풀어보면 기억력 저하 방지 효과가 확실히 있음이 입증되었습니다. 일종의 정신적인 노화 방지라고 볼 수 있습니다.

2019년에 발표된 연구 자료에 따르면, 영국에서 50세~90세를 대상으로 19,000명을 테스트한 결과, 규칙적으로 퍼즐을 푸는 사람은 그렇지 않은 사람보다 단기 기억은 8년, 문법적 추론 능력은 10년 더 젊다는 결과를 얻을 수 있었습니다.

그뿐 아니라 낱말 퍼즐을 풀면서 상식과 어휘 실력도 기를 수 있으니 성취감을 맛볼 수 있습니다.

스마트폰의 부작용으로 일상에서 책이 밀려난 후 우리말 맞춤법을 제대로 구사하는 사람이 줄어들었습니다. 퀴즈를 풀다 보면 우리말 맞춤법도 정확해지는 효과도 얻을 수 있습니다.

요즘은 어디서나 휴대폰을 들여다보는 시대입니다. 그야말로 만능 기계지요. 지도도 보고 물건도 사고 책도 읽고 뉴스도 접하고 공부도 할 수 있고…. 편리한 정보를 쉽게 얻을 수 있다는 강력한 장점 때문에 손에서 휴대폰이 떠날 새가 없습니다.

하지만 휴대폰 때문에 잃어버리는 것도 적지 않습니다. 전화번호를 기억할 필요도 없어졌고, 자연히 책도 멀리하게 됩니다. 휴대폰의 편리함을 취하면서도 아날로그 시대의 장점도 잃지 않는 지혜가 필요한 시대입니다. 종이책을 자주 보는 것은 정서적으로 이롭습니다.

이 책을 구입해 주신 독자님께 감사드리며 매일 즐거운 시간 보내시길 바랍니다.

차례

낱말 퍼즐 1

1		2		3
		4	5	
6	7			
			8	
9				

가로 열쇠

1 조선시대에 경찰서 역할을 하던 관청.

4 자신의 얼굴을 스스로 그린 그림.

6 학교의 여러 가지 규칙을 지키도록 지도, 감독하는 학생 조직. ○○부.

8 승부에서 질 것 같은 조짐. ○○이 짙다.

9 실제 일어날 일이 미리 꿈에 나타남. 그런 꿈.

세로 열쇠

1 지구에서 가장 큰 포유류인 고래를 잡는 배.

2 1970년대 인기 있었던 담배 이름. '담배는 ○○, 노래는 추자'라는 말이 유행했음. '추자'는 인기 가수 김추자.

3 얼굴이나 외모를 보고 그 사람의 성격이나 운명을 파악하는 학문.

5 한국인 서너 명이 실내에서 즐겨하는 동양화 놀이의 낱장.

7 미술 시간에 그림 그리는 데 쓰는 넓은 종이.

낱말 퍼즐 2

1	2		3	
	4	5		6
7				
		8		
9				

 **가로 열쇠**

1 물질적으로 가진 게 없음. 부유층과 ○○층.

4 서양 고대사의 최대 제국. 오늘날의 이탈리아를 중심으로 유럽 대부분과 북아프리카를 통치함.

8 '희망'과 '소망'처럼 의미가 거의 같은 말.

9 대륙과 해양의 온도차로 인하여 방향이 바뀌는 바람.

세로 열쇠

2 1970년대에 가정에서 석유를 연료로 취사를 하던 도구. 일본어.

3 해결되지 않음. 끝나지 않음. ○○의 사건.

5 사자성어로, 말의 귀에 바람이 불어도 상관하지 않음. 남의 말을 그냥 흘려 들음.

6 영어 · 에스파냐어 · 프랑스어처럼 여러 나라에서 사용되는 언어.

7 여자가 어떤 목적을 이루기 위해 미모를 이용하는 계략. 스파이 영화에 흔히 나옴.

* 나는 _____ 년생입니다.

낱말 퍼즐 3

1	2		3	
	4			
5			6	7
	8	9		
		10		

* 나는 _____ 년생입니다.

가로 열쇠

1 상대와 마주 앉아 바둑이나 장기를 두는 일.

3 웅변이나 연설을 하는 사람. 웅변하는 학생이 이 단어를 자주 썼음.

4 백성들이 겪는 생활의 고통. 배고픔을 가리키기도 함.

5 학교나 학원에 가지 않고 혼자서 책으로 공부함.

6 지극히 마땅함. "OO한 말씀입니다."

8 학생들이 학교에서 매년 발행하는 잡지.

10 군대에서 병사들을 훈련시키는 운동장.

세로 열쇠

2 1990년대 중반까지 사용된 단어로, 중학생이 되기 전의 어린이가 다니던 6년제 학교.

3 혈연이나 지연 혹은 법적으로 관련 있는 지역. 프로야구 팀마다 OOO가 다르다.

7 요즘과 달리 예전에 불량 고등학생들이 모이던 스포츠 시설.

9 진행시키는 일이 늦어지거나 연기됨.

* 나이는 _____ 살입니다.

낱말 퍼즐 4

1		2		
3	4		5	
6			7	8
	9			

12

가로 열쇠

3 결정 장애. 선택 상황에서 우물쭈물 결단을 내리지 못함.

6 반드시 읽어야 함. '이 책은 대학생 OO서입니다.'

7 호되게 꾸짖음.

9 '이름'을 높여 부르는 말. "선생님은 OO이 어떻게 되시는지요?"

세로 열쇠

1 1970년대에 인기 있던 전쟁 드라마. 나시찬 씨가 주연함.

2 평범한 남자. 신분이 낮은 남자.

4 '오직 나만이 존귀하다.'라는 뜻으로, 부처님이 태어나실 때 했다는 얘기.

5 근육을 키우기 위해 꼭 필요한 영양소로 콩 · 계란 · 육류에 함유됨.

8 사리에 맞고 온당함.

낱말 퍼즐 5

1			2		
					3
4		5			
				6	
	7				

 **가로 열쇠**

1 1970년대엔 남자들의 머리가 길면 경찰이 강제로 잘랐음. 이것이 바로 OO 단속.

2 가장 존귀한 자. 임금의 다른 말.

4 폴란드계 프랑스 인으로 노벨상을 두 번이나 받은 여성 과학자.

6 육지에 배가 통행할 수 있도록 만든 인공 수로. 파나마와 이집트에 있는 것이 유명함.

7 출세를 하기 위해 거치는 관문, 혹은 중요한 시험.

세로 열쇠

1 1970, 80년대 일요일 아침에 인기리에 방송된 TV 퀴즈 프로. 고등학생들이 출연함.

2 지식과 교양을 갖춘 사람.

3 '도둑이 오히려 매를 든다'라는 뜻으로. 죄 지은 사람이 무고한 사람을 나무람.

5 어떤 약품이 본래 용도 외에 부수적으로 나타나는 작용.

*가족은 _____ 명입니다.

1		2			
3					4
		5	6		
7					
8					

*가족은 _____ 명입니다.

16

가로 열쇠

2 전파나 음파가 진동하는 횟수. TV나 라디오와 관계 있음.

3 자신의 일생이나 경험을 서술한 책.

5 자기 입으로 스스로를 칭찬하는 일. 자기가 그린 그림을 칭찬하면 낯뜨겁지요.

8 기표 내용을 남들이 알지 못하게 행사하는 것.

세로 열쇠

1 '운명'을 뜻하는 말. "어떤 놈은 ~가 좋아 부잣집에 장가 가고…."

2 물이나 차를 끓이는 그릇. 막걸리를 담기도 함.

4 도에 지나치게 칭찬하는 일. "그건 ~의 말씀입니다."

6 위치나 방향을 안내하는 표시. 컴퓨터 키보드에서도 볼 수 있다.

7 절대로 알려지면 안 되는 사항.

*아들 _____ 명과 딸 _____ 명이 있습니다.

낱말 퍼즐 7

1		2		3	4
5					
		6	7		
		8			

*아들 _____ 명과 딸 _____ 명이 있습니다.

가로 열쇠

3 어떤 학문이나 기술에서 남달리 특출난 기술을 가진 사람.

5 죄 지은 사람이 거적을 깔고 엎드려 높은 분의 처분을 기다리는 일.

6 뽕나무밭이 변하여 푸른 바다가 된 것처럼 완전히 달라져 버린 것.

8 작은 물고기를 포 떠서 말린 간식. 이름 때문에 서생원을 말린 것이라고 생각하는 분도 많다.

세로 열쇠

1 소중한 옥(보석)과 돌멩이가 같은 취급을 받아 함께 불타 버림.

2 사실을 과장하거나 현실성이 없는 일을 믿고 있는 상태. 소설의 돈키호테 같은 경우.

4 사람들이 무수히 많이 모인 것을 거대한 산이나 바다에 비유해서 일컫는 말.

7 돈이 될 만한 물건을 담보로 잡고 돈을 빌려주는 곳. 금융기관은 아닌 사금융업의 일종.

* 내 혈액형은 _____ 형입니다.

낱말 퍼즐 8

1			2		3
4		5			
		6		7	
	8			9	

가로 열쇠

2 비합법적인 수단이나 무력으로 정권을 탈취하는 일을 가리키는 프랑스어. 현대 중남미나 아프리카에서 빈번함. 대표적인 인물은 나폴레옹·박정희.

4 여자아이들이 줄을 잡고 놀던 ○○○놀이. 발동작을 하면서 노래를 부르는 형식.

6 미국 증시의 3대 지수. ○○○○, 나스닥지수, S&P500 지수

8 다섯 개 이상의 작은 돌을 가지고 노는 전통놀이. 여자아이들이 많이 했음. ○○놀이.

9 이것이 부족해지면 빈혈을 초래하여 현기증이 일어나기 쉬움.

세로 열쇠

1 유비가 공명 선생을 얻으려 세 번이나 집에 찾아간 일. 유능한 인재를 얻으려 온갖 노력을 기울인다는 의미로 사용됨.

3 컴퓨터가 없던 시절에 문서와 자료를 작성하던 기술자.

5 대보름날 사람들이 양편으로 나뉘어 줄을 당겨서 힘을 겨루는 놀이.

7 쇠를 끌어당기는 물체. 옛날엔 남녀칠세부동석이라 했는데 요즘엔 농담으로 남녀칠세○○○이라 함.

*취미는 _____ 입니다.

1		2			3
				4	
5	6		7		
			8	9	
10				11	

*취미는 _____ 입니다.

 **가로 열쇠**

1 돕거나 간섭하지 않고 그냥 지켜보는 일.

4 국내에서 제작한 영화.

5 헛되이 세월을 낭비함을 한탄함. 〈삼국지〉 유비가 한동안 전투를 치르지 않아 허벅지 살이 찐 것을 한탄한 것이 유래.

8 임꺽정·장길산·로빈후드의 공통점.

10 음식을 맛보거나 예술작품을 감상함.

11 모르는 남녀가 결혼에 이르도록 소개하는 일.

세로 열쇠

1 육수에 밀가루 반죽을 조금씩 떼어 넣어서 끓인 음식.

2 그래프를 그릴 때 사용하던 종이. 모눈종이라고도 함.

3 48장 패로 노는 게임. 고스톱보다 초보적인 룰.

6 보디빌딩을 하는 인체의 아름다움.

7 사이다·콜라처럼 이산화탄소를 물에 녹여 톡 쏘는 맛을 가진 마실 것. ○○음료.

9 목표한 것에 정확히 들어맞음.

낱말 퍼즐 10

1		2			3
		4		5	
6					
		7			
8					

 **가로 열쇠**

1 막대처럼 기다랗고 딱딱한 프랑스 빵.

4 어떤 한 지역에 집중하여 내리는 큰 비.

6 옷을 걸치지 않은 알몸.

7 지혜와 용기가 뛰어나고 그릇이 큰 사람. 관우나 항우 같은 인물.

8 평균 수준에도 못 미치는 사람. 우등생의 반대말.

 **세로 열쇠**

1 1970년대엔 아주 부유한 집 아이들만 먹을 수 있었던 꿈의 과일. 지금은 아무나 먹을 수 있음.

2 별 이유도 없이 불평거리를 들춤.

3 하늘이 무너지면 어떡하나, 이런 유의 쓸데없는 걱정거리.

5 좋은 옷을 입고 좋은 음식을 먹음.

7 죽지 않고 영원히 삶. 진시황이 소망했던 것.

바나나를 찾아서

DATE

TIME

1

2	1	9		8	7	4		5
3		4	5	2	9	1	6	
6	8	5	3	4	1	7	2	9
4	9		2	3	6	5	1	7
1	2	6	7	5	8		4	
5	3	7	9		4		8	2
	6	2	1	9	3	8	5	
8	5	1	4	7	2	3	9	6
9	4	3	8	6		2	7	1

*아침에 일어나서 제일 먼저 하는 것은 ＿＿＿＿＿＿＿ 입니다.

낱말 퍼즐 11

1			2		3
			4		
5	6				
	7			8	
9					

*아침에 일어나서 제일 먼저 하는 것은 ＿＿＿＿＿＿＿ 입니다.

 **가로 열쇠**

1 1980년대에 정부에서 정책적으로 보급한 체조. 군대 분위기 나는 음악에 맞춰 전국민이 하나, 둘, 셋, 넷! 스트레칭을 했음.

4 진심이 아닌 빈말로 하는 칭찬.

5 철도나 도로의 본선에서 갈라져 나온 선.

7 아직 수확하기도 전의 벼를 미리 팔아넘김.

9 인공적으로 만든 비단.

세로 열쇠

1 정부가 소유하는 토지.

2 속국이 종주국에 예물을 바침.

3 총이나 활을 쏘는 솜씨가 아주 뛰어난 사람.

6 어떤 대상에 관하여 아직 경험해 보기 전에 굳어진 생각.

8 매력으로 남의 마음을 사로잡음.

*저녁 잠자리에 드는 시간은 보통 _____ 시입니다.

낱말 퍼즐 12

1			2		3
		4			
5	6				
			7	8	
9					

가로 열쇠

2 〈선데이서울〉·〈뉴스위크〉의 공통점.

4 약자를 돕고, 호방한 기개를 가진 사람.

5 조용한 가운데 움직임이 있음.

7 가수 주현미의 1985년 데뷔곡 '비 내리는 OOO'.

9 청력이 약한 사람이 청력을 보완하려고 귀에 넣는 기계.

세로 열쇠

1 1970년대 농촌을 떠나 보따리 하나 들고 대책없이 서울로 가는 것을 가리
킨 말. OOO 상경.

2 주인과 손님. 술을 좋아하는 사람.

3 지초와 난초처럼 향기로운 사귐.

4 새마을운동의 3대 정신. 근면·자조·OO.

6 김영삼 대통령 때에 폭파됨. 광화문 뒤에 있던 관청.

8 12월에 찾아오는, 밤이 가장 길고 팥죽을 먹는 날.

낱말 퍼즐 13

1			2		
			3		4
5					
			6		
7					

가로 열쇠

1 하늘을 놀라게 하고 땅을 흔든다. 세상을 놀라게 하는 사건.

3 어떤 이의 죽음을 애도하며 내는 돈.

5 부패한 음식을 섭취하여 소화기관에 탈이 남.

6 보름달이 뜨는 밤. 음력 15일 밤.

7 인생이 평탄하지 않고 힘든 시련과 변화가 많음.

세로 열쇠

1 1980년대까지 흔히 가던, 돈가스 · 오므라이스 · 햄버그스테이크 등을 팔던 식당. ○○○집

2 대쪽처럼 원칙을 지키는 의지.

4 비단 옷을 입고 밤에 돌아다님. 보람이 없는 일을 뜻함.

6 막노동판에서 일꾼들을 감독하는 사람.

낱말 퍼즐 14

1	2			3	
				4	
5			6		
	7	8		9	
				10	

가로 열쇠

1 1980년대에 동전 넣고 갤러그, 패크맨, 블록격파 등 게임을 하던 곳.

4 분쟁 당사자들이 싸움을 끝내기로 약속함.

5 큰 절에 딸린 작은 절.

7 원하던 것을 이루어 뽐내는 마음.

10 기구를 사용하여 몰래 엿들음. 첩보영화에 흔히 나옴.

세로 열쇠

2 자기가 저지른 일의 결과가 자기에게 돌아옴.

3 실제로 있었던 이야기.

6 경제 능력이 없는 사람을 돌봄.

8 남에게 어떤 일을 부탁함.

9 재산이나 물건을 남에게 넘겨줌.

낱말 퍼즐 15

1		2		3	4
		5	6		
			7		
8		9			
		10			

 **가로 열쇠**

1 운동회 때 줄에 매달아 장식하는 여러 나라의 국기들.

3 좋은 때를 만나지 못함. 살림살이가 빈곤함.

5 호텔에서 대기하는 공간. 권력자에게 뭔가 부탁하는 일.

7 '검은고양이 네로', '날 보러 와요', '최진사댁 셋째딸'…. 이런 노래의 공통점은?

8 기습 또는 파괴 공작을 하는 소규모의 군사 집단.

10 프랑스와 독일 사이의 소국. 오드리 헵번이 태어난 나라.

세로 열쇠

1 1970년대 어린이들이 가장 좋아하던 곳. TV가 없는 아이들은 여기에서 돈 내고 TV도 시청함.

2 갈림길. 선택해야 하는 상황.

4 복잡하게 얽힌 사정. 힘겨운 고난.

6 근무하지 않는 날. 아이디와 함께 필요한 것.

9 상품에 관한 정보를 적어놓은 조각.

낱말 퍼즐 16

1		2			3
				4	
5	6				
			7		
8					

 **가로 열쇠**

1 얼굴이 두껍고 부끄러움을 모름.

4 혼을 불러옴. 처음하는 결혼.

5 자석 주위로 끌어당기는 힘이 작용하는 공간.

7 새로운 것이나 모르는 것에 끌리는 마음.

8 세상을 긍정적으로 희망적으로 보는 마음.

세로 열쇠

1 뒤에서 도와주는 사람. 키다리 아저씨.

2 한없이 많아서 끝이 없음.

3 해가 지는 저녁 무렵.

4 어떤 일을 시작하는 처음 무렵.

6 어떤 대상이나 특정인을 기리기 위해 지은 건물.

7 누군가에게 잘해주고 싶은 마음.

낱말 퍼즐 17

1		2			3
				4	
		5			
6	7			8	
	9				

가로 열쇠

1 7080 시절 DJ가 노래 신청을 받아 틀어주기도 하고 사연도 읽어주던 곳.

4 제사 지낼 때 쓰는 그릇과 접시.

5 한옥에서 바깥양반이 쓰는 방. 주요섭의 〈OO방 손님과 어머니〉라는 소설도 있음.

6 남을 비방하거나 말을 잘못해서 일어난 재난.

8 조선시대엔 한양, 일제시대엔 OO, 지금은 서울.

9 '백년 기다려도 황하는 맑아지지 않는다'. 세월이 가도 사정이 좋아지지 않음의 비유.

세로 열쇠

1 음탕하고 부끄러워서 드러내놓고 하기 곤란하지만 재미있는 이야기.

2 차를 마시거나 밥을 먹는 것처럼 일상적으로 흔히 하는 일.

3 '큰 그릇이 될 사람은 늦게 이루어진다'. 나이를 먹어 출세하는 사람.

7 화가를 높여 부르는 호칭.

8 남의 말을 귀기울여 잘 들음.

41

*좋아하는 계절은 ＿＿＿＿＿＿ 입니다.

낱말 퍼즐 18

1		2			3
4	5				
				6	
7			8		
			9		

*좋아하는 계절은 ＿＿＿＿＿＿ 입니다.

42

 가로 열쇠

2 열은 열로써 다스림. 더운 여름철 뜨거운 음식을 먹는 것.

4 여러 사람이 같은 얘기를 함.

6 어떤 분야에서 권위자로서 혹은 세력을 가지고 다수를 압도함.

7 어떤 일을 시작할 때 내세우는 핑계나 구실.

9 바느질을 하는 기계.

세로 열쇠

1 태평양에 있는 미국의 50번째 주. 영화 '친구'에서 나온 대사로 다시 회자됨. "네가 가라. OOO."

2 땅딸이라는 별명으로 1970년대 최고 인기를 누린 코미디언. 한때 이 분을 알면 구세대, 모르면 신세대라고 했음.

3 지구 적도 근처의 비가 많이 오는 밀림지대.

5 예전에 비해 달라지거나 발전됨이 없음.

8 나무나 화초를 화분에 심고 작게 가꾼 것.

낱말 퍼즐 19

1		2	3		
4		5			6
				7	
	8		9		
			10		

가로 열쇠

2 1970년대 인기 싱어송라이터. 대표곡으로 '피리 부는 사나이', '왜 불러', '한번쯤'.

4 '날은 저물고 갈 길은 멀다.'라는 뜻으로, 몸은 늙었는데 할 일이 많다는 비유.

7 축하할 만한 기쁘고 좋은 일.

8 직업적으로 글을 쓰는 사람. 인쇄가 발달하지 않은 옛날에 전문적으로 책을 베껴쓰는 사람.

10 업무를 처음 보고 익히는 사람. 수습생.

세로 열쇠

1 부처님 오신 날. 사월 초파일.

3 1970년대에 동물원이 있었고 벚꽃을 구경하던 명소.

5 복숭아꽃 핀 낙원. 속세를 떠난 이상향. 무릉도원.

6 거의 죽을 뻔한 상황에서 살아남음.

8 반드시 그렇게 되도록 정해진 일.

9 개인적인 의견.

낱말 퍼즐 20

1		2			3
				4	
5					
			6	7	
		8			
		9			

 **가로 열쇠**

1 개인의 신변 안전을 위해 고용된 사람. 경호원.

4 먹을 것이 없어서 굶주림.

5 식량이 부족하던 시대에 허기를 달래준 구황작물로, 18세기 일본에서 들어옴.

6 다양한 채소와 해산물을 넣고 매콤한 맛을 낸 중화요리.

9 '그루터기에 앉아 토끼를 기다린다'는 뜻으로, 우연히 토끼를 잡은 사람이 요행을 바라는 고지식함을 비난하는 말.

세로 열쇠

1 매년 봄철 곡식이 떨어지고 보리는 아직 익지 않아서 굶주리던 시기.

2 정수리에서 이마 쪽으로 머리를 빗으면 갈라지는 금.

3 풀뿌리와 나무껍질. 식량이 없던 시대에는 이런 것을 먹으며 하루하루 버텼음.

7 뒷마당에서 약간 높은 곳으로, 간장·된장·고추장 등이 담긴 항아리들을 놓아두는 곳.

8 범죄를 시도하였으나 변수가 생겨서 뜻을 이루지 못함.

꽃을 찾아서

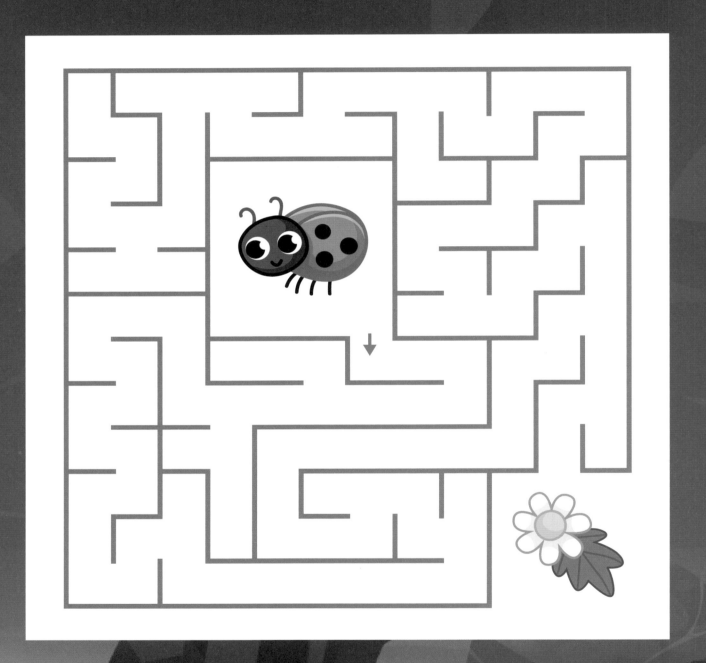

SUDOKU
스도쿠

DATE

TIME

2

5	2	4	8		1	9	7	
3		1	2	7	5	6		8
7	6	8		3	9	2	5	1
6	4	9	3		7	1	2	5
2	3	5		9	6		8	7
	1	7	5	4	2	3	6	9
	5		7	1	3	8	9	6
9	8	3	6		4	7		2
1	7	6	9	2	8	5	3	4

49

낱말 퍼즐 21

1				2	
			3		
4	5				6
7			8		
	9				

가로 열쇠

1 나무조각을 막대기로 때려서 멀리 보내는 어린이 놀이.

3 교직과정을 이수하는 동안 중·고교에서 교사로 실습하는 대학생.

4 '꽃 같은 얼굴에 달 같은 모습'이라는 뜻으로, 미인을 표현하는 말.

7 한쪽으로 치우치지 않고 알맞은 상태.

8 공부할 때 중요한 부분을 눈에 잘 띄게 칠하는데 쓰는 필기구.

9 설날을 맞이하여 새로 장만해서 차려 입는 옷.

세로 열쇠

1 1980년대 들어 학생들의 교복과 두발을 자유롭게 해준 조치.

2 글공부만 하여 세상일에 서투른 선비.

3 여성이 아양을 부리는 태도.

5 많이 사용하면 더 발달하여 진화하고 사용하지 않으면 퇴화한다는 학설.

6 외국의 친구와 편지로 연락하며 사귀는 일.

*기르고 있는 동물의 이름은 _____ 입니다.

낱말 퍼즐 22

1		2			
				3	
		4	5		
6	7				
			8		9
	10				

*기르고 있는 동물의 이름은 _____ 입니다.

52

가로 열쇠

1 침팬지보다 크고 고릴라보다 작은 유인원. 말레이어로 '숲속의 사람'이란 의미.

3 학문이나 예술에서 주류를 모방한 B급 문화.

4 그런 일이 일어날 수 있다고 판단되는 것.

6 지나온 발자취.

8 오이를 절여 만든 김치의 일종. 오이○○○.

10 법원이 최종판결을 내린 이유와 사실을 적은 문서.

세로 열쇠

1 1990년대에 부유층 자제로 강남에서 퇴폐적인 문화를 즐기던 젊은 층을 가리킨 말.

2 남을 웃기려는 농담이나 행동.

3 어떤 세력이 자리잡은 가장 중요한 근거지.

5 고구려에서 쿠데타로 정권을 잡고 당나라의 침략을 격퇴한 인물.

7 스펙트럼에서 적색 바깥쪽에 나타나는 광선.

9 회계연도의 잔금을 차기로 넘김.

*기르고 있는 동물은 _____ 마리입니다.

낱말 퍼즐 23

1			2		
			3		4
5					
		6		7	
8					

54

 **가로 열쇠**

1 '새하얗게 불태워버렸어.'라는 명언으로 유명한 일본의 권투만화 〈내일의 죠〉가 70년대 국내에서 나왔을 때 만화책 제목. 도전자 OOOO.

3 카드 게임. 으뜸 패. 미국의 45대 대통령.

5 넓고 큰 길처럼 일이 어려움 없이 펼쳐짐.

6 덴마크의 저명한 아동문학가. 〈성냥팔이 소녀〉, 〈미운 오리 새끼〉, 〈인어 공주〉를 씀.

8 한 번 만난 적이 있어 얼굴을 앎.

세로 열쇠

1 마음을 비우고 솔직히 생각을 털어놓음.

2 도입부. 음악 앨범에 처음 나오는 곡.

4 약소국이었으나 여러 전쟁을 거치면서 강대국으로 성장한 나라. 현대 독일의 전신. 영어로는 프러시아.

6 편안한 휴식. OO년은 휴식하는 해.

7 현지에서 보고하는 기사. 신문·방송 등에서 쓰는 말.

낱말 퍼즐 24

1		2			3
				4	
		5			
6	7			8	
			9		
		10			

가로 열쇠

1 즐거움이 다하면 슬픔이 온다는 사자성어.

4 어떤 것이 생겨난 내력.

5 털실로 뜬 옷을 가리키는 영어 표현.

6 어떤 가문의 종가에서 갈라져나온 갈래.

8 꽃다운 나이. 여자 나이 스무 살 전후를 가리킴.

10 나아갈 수도 없고 물러서지도 못하는 상황. 이러지도 저러지도 못하는 경우. 딜레마.

세로 열쇠

1 동대문에 적혀 있는 정식 명칭.

2 출가한 여성 승려.

3 미야자키 하야오 감독의 걸작 애니메이션으로, 국내에선 1990년대에 방영됨. 홀로남은 섬, 하이하바, 인더스트리아.

7 물결처럼 출렁이는 움직임.

9 침략해 오는 적을 물리침.

낱말 퍼즐 25

1			2		3
		4			
		5			
6	7				
			8		
9					

58

가로 열쇠

1 외모나 성격이 외가 쪽을 닮는 것.

2 별똥별이 비처럼 쏟아지는 것.

5 도대체 무슨 생각으로 그렇게 하는지 알 수 없음.

6 전기 기구에서 전력을 가져오거나 내보내는 회로의 끝부분.

9 노자의 사상에서 최고의 경지는 물과 같다는 이야기.

세로 열쇠

1 1980년대 중반에 크게 인기를 모은 이현세 씨의 스포츠 만화. 영화로도 만들어짐. 〈공포의 ○○○○〉

3 은하철도 999의 주제가에 나오는 가사. "○○○○○엔 햇빛이 쏟아지네."

4 지난날을 돌이켜 생각함.

7 북극과 남극을 연결하는 가상의 선으로 적도와 수직으로 만남.

8 소금기가 없는 물. 민물을 한자어로 하면?

낱말 퍼즐 26

1			2		3
4		5			
		6	7		
8					
		9			

 **가로 열쇠**

2 한 사람의 생애를 적은 이야기.

4 주구장창의 올바른 표현. 긴 강처럼 쉼없이 밤낮으로.

6 산과 바다에서 나온 재료로 잘 차린 진귀한 음식.

8 너그럽고 깊은 도량.

9 옛날 통신 신호용으로 사용한 횃불.

세로 열쇠

1 일본 로봇만화의 창시자 테즈카 오사무의 50년대 걸작 애니메이션. 국내에선 1970년대와 1990년대에 방영됨.

2 어떤 일의 경험이 짧아 미숙함.

3 긴가민가의 올바른 표현.

5 조선시대 광대 출신으로 도적의 우두머리가 되어 황해도에서 활약함. 황석영 씨의 대하소설로도 유명함.

7 말을 알아듣는 꽃이란 뜻으로 미녀 혹은 기생을 가리키는 말.

낱말 퍼즐 27

1			2		3
			4		
5					
		6			
7				8	
		9			

가로 열쇠

1 야구 경기에서 5회 이상 진행된 시점에서 점수 차이가 너무 크게 벌어질 경우 심판이 경기를 종료시키는 경기.

4 한번도 본 적이 없는 것인데 전에 본 것 같은 묘한 느낌.

5 주식 가격이 오르지도 내리지도 않은 상황.

6 밑바탕. 어떤 것의 아래를 이루는 부분.

7 흙으로 모양을 만들고 고온에서 구워 만든 그릇.

9 더 뛰어난 능력이나 힘으로 상대를 굴복시키는.

세로 열쇠

1 1970년대 방영된 미국 드라마. 형사 OOO. 피터 포크의 주연으로 형사의 대명사가 되다시피한 이름. 최응찬 성우가 더빙했음.

2 그때그때 처해진 상황에 맞춰 결정하고 처리함.

3 더하기 빼기 곱하기 나누기.

6 대기의 압력이 주변보다 낮은 영역. 사람의 기분이 저조한 상태.

8 어떤 일에 필요한 비용을 대략 수치로 미루어 계산함.

63

*기억에 남는 영화는 ＿＿＿＿＿＿＿＿＿ 입니다.

낱말 퍼즐 28

1					2
				3	
		4	5		
6					7
			8		
9					

 **가로열쇠**

1 너무 터무니없어서 신뢰할 수 없는 것.

3 타인을 존중하고 자신을 낮추는 일. 성공한 사람에게서 찾아보기 어려운 자질.

4 굵고 거세게 쏟아지는 빗줄기.

6 규모가 너무 작아서 보잘것없음. OO도 모른다.

8 한양성 도련님과 남원 처녀의 러브스토리.

9 피부가 희고 성품이 고결하여 신선과도 같은 모습.

세로 열쇠

1 1970년대 초 방영된 만화 영화. 해골 모습에 망토를 걸치고 배턴을 휘두르며 악당을 물리치고 호탕하게 웃는 히어로. 주제가 "어디 어디! 어~디서 오~느냐 OOOO!"

2 딸이 낳은 자식.

3 아울러 갖추고 있음.

5 남을 대할 때 봄바람처럼 따스하게 하라는 말. 내로남불의 반대.

7 겨울철 쇠붙이를 만졌을 때 찌릿하게 발생하는 전기현상.

낱말 퍼즐 29

1			2		
					3
4	5		6	7	
8					
			9		

가로 열쇠

1 브룩 쉴즈, 소피 마르소와 함께 1980년대 3대 미녀로 꼽히던 책받침 스타. 미국 영화배우.

4 남녀가 주고받는 연애편지.

6 옷감이나 식품의 색상을 하얗게 만드는 약제.

8 저항하는 적을 무력으로 진압하라고 파견된 군대.

9 잊지 않도록 중요한 사항을 적어둔 것.

세로 열쇠

1 결혼이나 출생 등 경사스러운 일을 알리기 위해 베푸는 잔치.

2 도로상에 특정 지명의 거리와 방향을 알려주는 표지판.

3 정식 제목만으론 부족해서 덧붙여 보충하는 제목.

5 경주 또는 신라의 옛이름.

7 남에게 큰 은혜를 입어서 죽어서도 잊을 수 없다는 말.

8 태양계에서 여섯 번째 행성.

낱말 퍼즐 30

1		2			3
		4		5	
	6				
7			8		9

가로 열쇠

1 말을 막힘없이 잘하는 사람.

4 은행이 유치, 저당, 연대보증 등을 받고 돈을 빌려줌.

6 근거 없는 헛소문.

7 옛날 막부시대 일본의 최고 권력자. 1970년대 제임스 클라벨의 동명 소설로도 유명.

8 에스파냐, 포르투갈의 경기장에서 소와 대결하는 남자.

세로 열쇠

1 산비탈에 못사는 사람들이 사는 마을. 동명의 드라마가 있었음.

2 거리와 항간에 떠도는 소문.

3 쌓아둔 것을 내놓음.

5 노자 〈도덕경〉에 나오는 말로, 큰 지혜는 마치 둔하고 어리석어 보인다.

6 지난날 젊은 여성이 남편이나 애인을 높여부르는 말.

8 손실을 무릅쓰고 주식을 팔아버림.

9 사극에서 흔히 쓰는 말. 깊이 생각하고 헤아림. "~라고 OO되옵니다."

해파리를 찾아서

3

8	5	3	4	1	7		2	6
7	1	6		2	9	3	5	4
4		9	3	5	6		8	7
9		8	6	7	1	5	3	2
1	3	7	5	8	2		4	
2		5	9	4		8	7	1
5	8	1	2	9	4		6	3
	7	4	1	6	5	2		8
6	9				8	4	1	5

낱말 퍼즐 31

1		2		3	
		4			
					5
	6				
			7		
8					

가로 열쇠

1 불법적인 조직원들이 모여서 어울리는 장소.

4 남녀의 낭만적인 애정 이야기.

6 마호메트가 태어난 성지. 어떤 분야의 동경의 대상이 되는 곳.

7 경매에서 최종 결정된 가격.

8 겉으로는 웃음을 보이지만 마음 속에 칼을 숨기고 있음.

세로 열쇠

1 지난날 난방과 취사 목적으로 부엌에서 불을 때는 구멍.

2 세 필의 말이 끄는 썰매. 주도적인 세 사람.

3 배구에서 공격수에게 공을 띄워줌.

5 달리 어찌할 도리가 없음.

6 작은 크기의 겨울 철새. 알은 식용으로 이용됨.

7 육지에서 멀리 떨어진 낙후된 섬.

낱말 퍼즐 32

1					2
			3		
4		5			
				6	
7					
8					

 **가로 열쇠**

1 광고 따위에서 시각적 효과를 노리고 글자를 도안하는 것.

3 솜씨가 서투르고 미숙한 무당.

4 주인공들이 여행이나 이동을 하는 영화.

6 일이 진행된 자초지종.

8 참는 것은 덕이 된다.

세로 열쇠

1 추억을 되새기게 하는 복고주의 일환으로 과거의 문화를 좇으려는 경향. 영어.

2 부당한 폭력에 맞서 자기 자신을 지키기 위해 부득이하게 행사하는 폭력 행위.

3 글공부를 했으나 아직 벼슬에 이르지 못한 사람.

5 못할 일이 없을만큼 능력이 있음.

6 경사스러운 일을 치하함.

7 남의 흥미와 주의를 끌어 꾀는 일.

낱말 퍼즐 33

1					2
			3		
4					
			5	6	
	7				
	8				

 **가로 열쇠**

1 1970년대 인기 남성 듀엣. 원래는 투에이스였으나 개명함. 대표곡으로 '빗속을 둘이서', '떠나는 님아', '긴 세월'.

3 어떤 물건을 제작하기 위한 속이 빈 틀.

4 동양의 도교 사상에서 하늘나라의 통치자.

5 중국 고대 춘추시대 노자가 지은 책. 약 5천 자로 이루어짐.

8 진흙탕에 빠지고 숯불에 떨어지는 것 같은 백성의 고통.

세로 열쇠

1 귀한 가문의 아주 소중한 자손.

2 아주 빈틈없이 빽빽하게 들어참.

3 우리나라에서 제일 큰 섬은 제주도. 그 다음으로 큰 섬은?

6 논어에 나오는 말. 덕을 가진 자는 외롭지 않다.

7 오묘한 이치나 우주의 진리를 깨달음.

*기억에 남는 여행지는 _____ 입니다.

낱말 퍼즐 34

1			2		3
			4		
5	6				
			7		
8					
		9			

가로 열쇠

1 1970년대를 풍미한 미국 혼성 가족 듀엣. 그녀는 가장 완벽한 여성 보컬이라고 칭송받음. 대표곡으로는 'Yesterday once more', 'Top of the world', 'Close to you' 등이 있음.

4 스포츠에서 팀 대항 이어달리기.

5 자연을 직접 느끼며 걷거나 여행하는 일.

7 나이가 안 되어 학교에 아직 들어가지 않음.

8 컴퓨터를 켜서 시동하는 일.

9 국회의원이 국회에서 한 발언으로 국회 밖에서 책임을 지지 않는 특권.

세로 열쇠

1 1970, 80년대를 지배한, 소리를 기록할 수 있는 자기테이프가 들어 있는 케이스. OOO테이프.

2 아슬아슬한 기분이나 손에 땀을 쥐는 긴장감.

3 눈으로 확인할 수 없는, 사물의 본질이나 원리를 연구하는 학문.

6 고무보트를 타고 계곡의 급류를 헤쳐나가는 스포츠.

7 근본적인 해결책이 아닌 임시방편적인 해결.

낱말 퍼즐 **35**

1					2
			3		
4		5			
				6	
	7				

 **가로 열쇠**

1 사회적으로 특별한 권리를 누리는 신분.

3 어떤 일을 남보다 먼저 또는 처음 시작하는 사람.

4 공적인 일 또는 사적인 일로 몹시 바쁨.

6 타락한 상태에서 올바른 사람으로 돌아옴. 죽을 지경에서 살아남.

7 땅을 파헤치는 갈퀴 모양의 농기구.

세로 열쇠

1 1970년대 인기 외화 〈6백만불의 사나이〉의 여성 버전. 특별한 신체 능력을 가지고 작전을 수행하는 여성. 〈OOOOO 소머즈〉

2 힘든 상황에 각자 알아서 살아남을 방법을 도모함.

3 부러워하고 자기도 그렇게 되길 바람.

5 경쟁에서 뜻밖의 강한 실력을 가진 참가자.

6 만료된 계약을 다시 연장하거나 스포츠에서 신기록을 세움.

*가고 싶은 여행지는 _____ 입니다.

1					2
			3		
4					
				5	
6	7		8		
			9		

가로 열쇠

1 매화 · 난초 · 국화 · 대나무를 일컫는 말.

3 절박한 상황에 몰리면 새로운 길이 열린다.

4 마음과 생각이 잘 맞음.

5 햇볕이 잘 드는 곳.

6 당대에 비교할 상대가 없을만큼 압도적인 미인.

9 잇달아 여러 번. 거듭하여.

세로 열쇠

1 1980년대 김자옥 씨가 진행하던 열광적 인기를 누린 MBC 라디오 연애 드라마.

2 도로나 통신망이 모든 방향으로 통함.

3 남녀의 사주를 맞춰보아 좋은 사이가 될지 판단하는 것.

7 집안의 재산이나 자격을 물려주고 받음.

8 사람 사이에 맺어지는 관계.

*생활비 중 가장 많은 지출 항목은 _____ 입니다.

낱말 퍼즐 37

1		2			
				3	
		4			
5	6				
	7			8	
9				10	

*생활비 중 가장 많은 지출 항목은 _____ 입니다.

 **가로 열쇠**

1 1970년대 매일 아침 인기 라디오 드라마. 주제곡에 "바람 잘 날 없어도 우리는 웃으며 산다~" 제목은 〈즐거운 우리집〉이지만 보통 〈아차부인 OOOO〉으로 불렸음.

3 물건이 팔려나가는 루트.

4 제대로 된 자격증이나 실력이 없으면서 전문가로 행세하는 사람.

5 용변을 본 후 물로 씻어주는 기구.

7 육체적 활동을 지속할 수 있는 힘.

9 누상에 주자가 있을 때 투수의 반칙 투구 동작.

10 절개가 굳어 재가하지 않는 여성.

세로 열쇠

1 여자가 재주와 미모를 아울러 갖춤.

2 불을 일으키는 데 쓰는 돌멩이.

3 분명하게 차이가 남.

6 접수처. 언론사에서 기자를 지휘하는 사람.

8 물건이나 여러 사실을 죽 늘어놓음.

낱말 퍼즐 38

1	2		3		4
			5	6	
7					
			8		
9		10			
11					

 **가로 열쇠**

1 성공을 위해 자기 몸을 어느 정도 희생시키는 계책

5 굵고 튼튼하게 꼰 밧줄.

7 인구가 많고 상업·공업이 발달한 지역.

8 어떤 작품의 일부를 익살스럽게 흉내내는 기법.

11 이소룡의 영화 중 주인공이 태국의 얼음공장에 취업하게 되는 작품.

세로 열쇠

2 1970년대 국민학교 학생들이 매달 학교에 내던 돈.

3 좋지 않은 행동을 몰래 꾸며 실행함.

4 모태와 태아의 배꼽을 연결하는 줄.

6 예상과 정반대의 결과가 일어나는 모순.

9 목적과 행동을 함께하는 무리.

10 끈과 띠라는 뜻으로 두 사람을 연결시키는 결속력.

낱말 퍼즐 39

1		2			3
		4	5		
6	7				
	8				
9					

 **가로 열쇠**

1 어떤 것의 상태나 수준을 평가하는 기준.

4 완벽하고 이상적인 상상 속의 사회.

6 동식물을 형성하는 구조적인 기본 단위.

8 좋은 기회를 놓치지 않음.

9 소설에서 이후 발생할 사건을 미리 암시하는 것.

세로 열쇠

1 요코야마 미츠테루의 만화로, 국내에서는 1970년대 소년잡지 〈새소년〉의
부록으로 연재됨. 교복 차림의 초능력 소년을 로뎀, 로프로스, 포세이돈이
항상 도와줌.

2 지금까지 한 번도 있어본 적이 없음.

3 지난날 관청에 나가 나랏일을 맡아 하던 사람.

5 북미 인디언의 전통적인 도끼. 도끼라기보다는 던지거나 때릴 수 있는 무
기에 가까움. 미군의 순항 미사일 이름.

7 허공에 던진 물체의 궤적이 보여주는 곡선.

낱말 퍼즐 40

1		2			3
4	5				
				6	
7					
			8		

가로 열쇠

2 소설이나 저작에서 끝나는 부분.

4 뻔한 틀에 박힌 방식으로 긴장감이 없음.

6 컴퓨터로 문서를 작성하게 해주는 프로그램.

7 두 가지 선택지 중 어느 쪽이나 힘든 결과가 예상되는 경우.

8 강을 따라 작은 배가 도착하고 떠나는 곳.

세로 열쇠

1 1970년대 중반 스포츠신문에 연재된 고우영 씨의 인기 창작만화. 남자인데 예쁘게 생긴 의적.

2 물건의 값을 깎는 일. 실제보다 좀 보태거나 줄여서 말하는 것.

3 세계에서 가장 큰 섬. 한국의 20배 이상의 면적.

5 수다스럽게 떠벌리는 말이나 쇼맨십.

6 정복자 나폴레옹의 몰락을 결정한 마지막 전쟁터.

7 상품을 매입하고 또 파는 사람. 도박에서 카드를 나눠주는 사람.

91

없는 그림 찾기

4

	6		3	7	9		4	5
5	9	7			4	3	6	2
1		4	6	2	5	8	9	
4	8	3	7	9	1	2	5	
6		2	5			9	7	8
9	7	5			8	4	1	3
3		9	4		7		8	1
8	5	6	9	1	2		3	4
7	4		8			5	2	9

★☆☆

수박

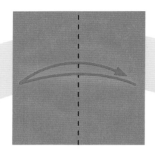

1 종이를 반으로 접었다
펴 주세요.

2 아래쪽을 2cm 정도
접어 올려 주세요.

3 점선을 따라 양쪽
모두 접어 주세요.

4 ●과 ●가 만나도록 접어 주세요.
반대쪽도 똑같이 접어 주세요.

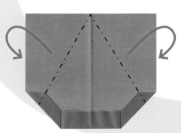

5 점선을 따라 접어서
뒤로 넘겨 주세요.

6 펜으로 수박씨를 그려 주세요.

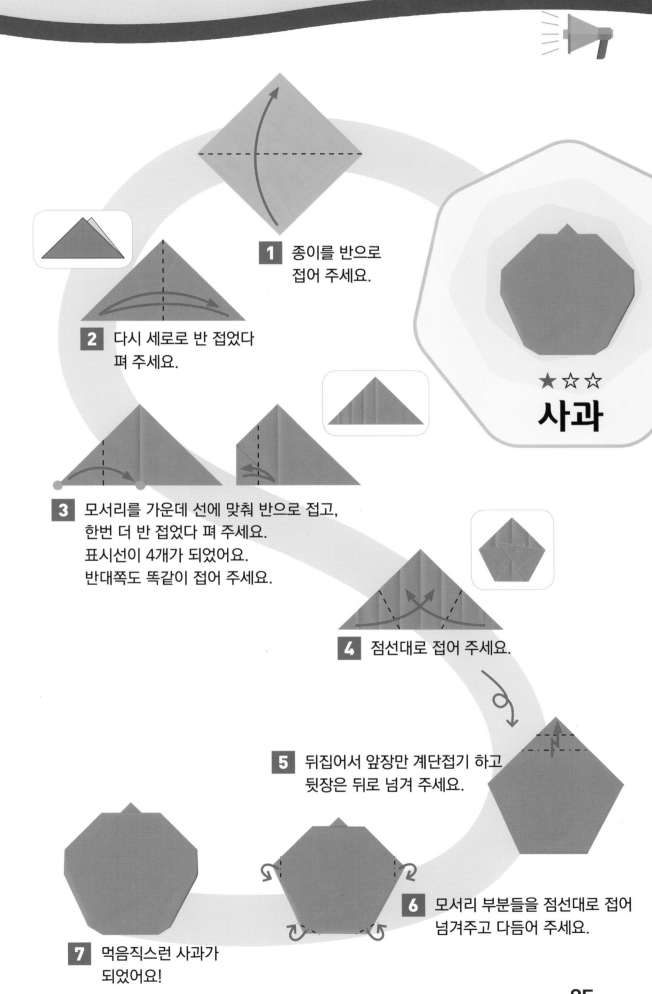

1 종이를 반으로 접어 주세요.

2 다시 세로로 반 접었다 펴 주세요.

3 모서리를 가운데 선에 맞춰 반으로 접고, 한번 더 반 접었다 펴 주세요. 표시선이 4개가 되었어요. 반대쪽도 똑같이 접어 주세요.

4 점선대로 접어 주세요.

5 뒤집어서 앞장만 계단접기 하고 뒷장은 뒤로 넘겨 주세요.

6 모서리 부분들을 점선대로 접어 넘겨주고 다듬어 주세요.

7 먹음직스런 사과가 되었어요!

★☆☆
사과

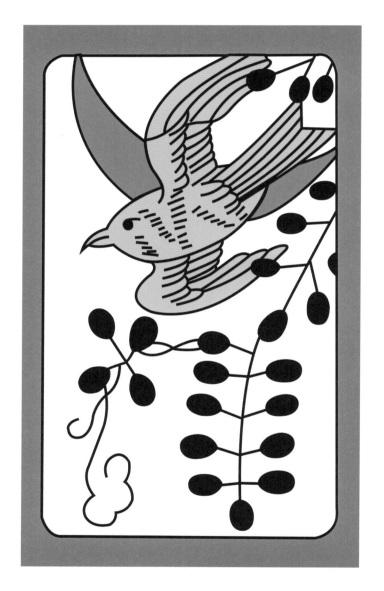

4월 흑싸리

등나무에 두견새
실은 흑싸리가 아니라 등(藤)나무다. 흑싸리라는 것은 존재하지 않는다.
빗자루로 만들어지는 싸리나무는 녹색이다. 여기 보이는 두견새는 일본 뿐 아니라
우리나라 전통 설화나 시에서 슬픔을 상징하는 새로 널리 사랑받아 왔다.

1

¹포	도	²청		³관
경		⁴자	⁵화	상
⁶선	⁷도		투	
	화		⁸패	색
⁹예	지	몽		

2

¹빈	²곤		³미	
	⁴로	⁵마	제	⁶국
⁷미		이		제
인		⁸동	의	어
⁹계	절	풍		

3

¹대	²국		³연	사
	⁴민	생	고	
⁵독	학		⁶지	⁷당
	⁸교	⁹지		구
		¹⁰연	병	장

4

¹전		²필		
³우	⁴유	부	⁵단	
	아		백	
⁶필	독		⁷질	⁸타
	⁹존	함		당

5

¹장	발		²지	존	
학			성		³적
⁴퀴	리	⁵부	인		반
즈		작		⁶운	하
	⁷등	용	문		장

6

¹팔		²주	파	수	
³자	서	전			⁴과
		⁵자	⁶화	자	찬
⁷극			살		
⁸비	밀	투	표		

7

¹옥		²과		³달	⁴인
⁵석	고	대	죄		산
구		망			인
분		⁶상	⁷전	벽	해
			당		
		⁸쥐	포		

8

¹삼			²쿠	데	³타
⁴고	무	⁵줄			자
초		⁶다	우	⁷지	수
려		리		남	
	⁸공	기		⁹철	분

9

수	수	방	관		민
제		안		방	화
비	육	지	탄		투
	체		산	적	
음	미			중	매

10

바	게	트			기
나		집	중	호	우
나	체			의	
		영	웅	호	걸
낙	제	생		식	

11

국	민	체	조		명
유		공	치	사	
지	선			수	
	입	도	선	매	
인	견			혹	

12

무			주	간	지
작		협	객		란
정	중	동			지
	앙		영	동	교
보	청	기		지	

13

[1]경	천	동	[2]지		
양			[3]조	의	[4]금
[5]식	중	독			의
			[6]십	오	야
[7]파	란	만	장		행

14

[1]전	[2]자	오	락	[3]실	
	업			[4]화	해
[5]암	자		[6]부		
	[7]득	[8]의	양	[9]양	
		뢰		[10]도	청

15

[1]만	국	[2]기		[3]불	[4]우
화		[5]로	[6]비		여
가			[7]번	안	곡
[8]게	릴	[9]라			절
		[10]벨	기	에	

16

[1]후	안	[2]무	치		[3]황
원		진		[4]초	혼
[5]자	[6]기	장		창	
	념		[7]호	기	심
[8]낙	관	주	의		

낱말 퍼즐 정답 17~20

17

¹음	악	²다	방		³대
담		반		⁴제	기
패		⁵사	랑		만
⁶설	⁷화			⁸경	성
	⁹백	년	하	청	

18

¹하		²이	열	치	³열
와		기			대
⁴이	⁵구	동	성		우
	태			⁶군	림
⁷대	의	명	⁸분		
	연		⁹재	봉	틀

19

¹석		²송	³창	식	
탄			경		
⁴일	모	⁵도	원		⁶구
		원		⁷경	사
	⁸필	경	⁹사		일
	연		¹⁰견	습	생

20

¹보	디	²가	드		³초
릿		르		⁴기	근
⁵고	구	마			목
개			⁶양	⁷장	피
		⁸미		독	
		⁹수	주	대	토

21

¹자	치	기		²서	
율			³교	생	
⁴화	⁵용	월	태		⁶해
	불				외
⁷중	용		⁸형	광	펜
	⁹설	빔			팔

22

¹오	랑	²우	탄		
렌		스		³아	류
지		⁴개	⁵연	성	
⁶족	⁷적		개		
	외		⁸소	박	⁹이
	¹⁰선	고	문		월

23

¹허	리	케	²인		
심			³트	럼	⁴프
⁵탄	탄	대	로		로
회					이
		⁶안	데	⁷르	센
⁸일	면	식		포	

24

¹흥	진	²비	래		³미
인		구		⁴유	래
지		⁵니	트		소
⁶문	⁷파			⁸방	년
	동		⁹격		코
		¹⁰진	퇴	양	난

25

¹외	탁		²유	성	³우
인		⁴추			주
구		⁵억	하	심	정
⁶단	⁷자				거
	오		⁸담		장
⁹상	선	약	수		

26

¹우			²일	대	³기
⁴주	야	⁵장	천		연
소		길			가
년		⁶산	⁷해	진	미
⁸아	량		어		연
톰		⁹봉	화		가

27

¹콜	드	게	²임		³가
롬			⁴기	시	감
⁵보	합		응		승
		⁶저	변		제
⁷도	자	기		⁸견	
		⁹압	도	적	

28

¹황	당	무	계		²외
금				³겸	손
박		⁴장	⁵대	비	
⁶쥐	뿔		인		⁷정
			⁸춘	향	전
⁹옥	골	선	풍		기

29

피	비	케	이	츠	
로			정		부
연	서		표	백	제
	라			골	
토	벌	대		난	
성			비	망	록

30

달	변	가			방
동		담	보	대	출
네		항		지	
	낭	설		약	
쇼	군		투	우	사
	님		매		료

31

아	지	트		토	
궁		로	맨	스	
이		이			막
	메	카			무
	추		낙	찰	가
소	리	장	도		내

32

레	터	링			정
트			선	무	당
로	드	무	비		방
		소		경	위
유		불		하	
인	지	위	덕		

33

¹금	과	은			²밀
지			³거	푸	집
⁴옥	황	상	제		
엽			⁵도	⁶덕	경
	⁷득			불	
	⁸도	탄	지	고	

34

¹카	펜	터	²스		³형
세			⁴릴	레	이
⁵트	⁶래	킹			상
	프		⁷미	취	학
⁸부	팅		봉		
		⁹면	책	특	권

35

¹특	권	층			²각
수			³선	구	자
⁴공	사	⁵다	망		도
작		크		⁶갱	생
원		호		신	
	⁷쇠	스	랑		

36

¹사	군	자			²사
랑			³궁	즉	통
⁴의	기	투	합		팔
계				⁵양	달
⁶절	⁷세	가	⁸인		
	습		⁹연	거	푸

37

¹재	치	²부	인		
색		싯		³판	로
겸		⁴돌	팔	이	
⁵비	⁶데				
	⁷스	태	미	⁸나	
⁹보	크			¹⁰열	녀

38

¹고	²육	지	³책		⁴탯
	성		⁵동	⁶아	줄
⁷도	회	지		이	
	비		⁸패	러	디
⁹일		¹⁰유		니	
¹¹당	산	대	형		

39

¹바	로	²미	터		³벼
벨		증			슬
이		⁴유	⁵토	피	아
⁶세	⁷포		마		치
	⁸물	실	호	기	
⁹복	선		크		

40

¹일		²에	필	로	³그
지		누			린
⁴매	⁵너	리	즘		란
	스			⁶워	드
⁷딜	레	마		털	
러			⁸나	루	터

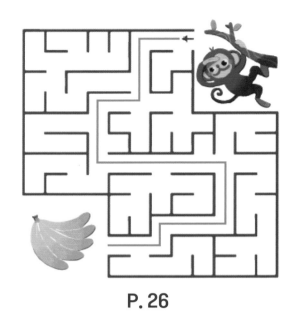

P. 26

P. 48

P. 70

P. 92

P. 27

2	1	9	6	8	7	4	3	5
3	7	4	5	2	9	1	6	8
6	8	5	3	4	1	7	2	9
4	9	8	2	3	6	5	1	7
1	2	6	7	5	8	9	4	3
5	3	7	9	1	4	6	8	2
7	6	2	1	9	3	8	5	4
8	5	1	4	7	2	3	9	6
9	4	3	8	6	5	2	7	1

P. 49

5	2	4	8	6	1	9	7	3
3	9	1	2	7	5	6	4	8
7	6	8	4	3	9	2	5	1
6	4	9	3	8	7	1	2	5
2	3	5	1	9	6	4	8	7
8	1	7	5	4	2	3	6	9
4	5	2	7	1	3	8	9	6
9	8	3	6	5	4	7	1	2
1	7	6	9	2	8	5	3	4

P. 71

8	5	3	4	1	7	9	2	6
7	1	6	8	2	9	3	5	4
4	2	9	3	5	6	1	8	7
9	4	8	6	7	1	5	3	2
1	3	7	5	8	2	6	4	9
2	6	5	9	4	3	8	7	1
5	8	1	2	9	4	7	6	3
3	7	4	1	6	5	2	9	8
6	9	2	7	3	8	4	1	5

P. 93

2	6	8	3	7	9	1	4	5
5	9	7	1	8	4	3	6	2
1	3	4	6	2	5	8	9	7
4	8	3	7	9	1	2	5	6
6	1	2	5	4	3	9	7	8
9	7	5	2	6	8	4	1	3
3	2	9	4	5	7	6	8	1
8	5	6	9	1	2	7	3	4
7	4	1	8	3	6	5	2	9

어른을 위한 낱말 퍼즐1

초판 2쇄 발행 | 2024년 3월 25일

지은이 | 건강 100세 연구소
편   집 | 이말숙
제   작 | 선경프린테크
펴낸곳 | Vitamin Book 헬스케어
펴낸이 | 박영진

등   록 | 제318-2004-00072호
주   소 | 07250 서울특별시 영등포구 영등포로 37길 18 리첸스타2차 206호
전   화 | 02) 2677-1064
팩   스 | 02) 2677-1026
이메일 | vitaminbooks@naver.com
웹하드 | ID vitaminbook / PW vitamin

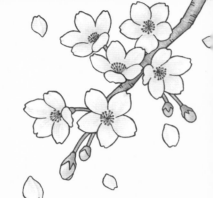

어르신 레크레이션 북 시리즈

뇌 훈련·간병 예방에 도움되는

쉬운 색칠 그림

색칠하기 쉬운!
심플한 그림!

1 봄·여름 꽃 편
마음에 드는 그림을 골라 색칠을 해 보세요.

2 가을·겨울 꽃 편
색칠을 하면 그대로 그림엽서가 되고 짧은 글도 적을 수 있어요.

3 야채 편
야채의 특징과 효능, 읽을거리 등 해설과 사진을 첨부하여 더욱 즐겁게 색칠할 수 있어요.

4 봄에서 여름을 수놓는 꽃 편
봄·여름 개화 순서로 나열되어 있어서 처음부터 색칠해도 좋아요.

5 과일 편
견본을 보고 똑같이 색칠하는 작업은 뇌가 활성화된다고 해요. 견본을 보면서 색칠해 보세요~

화투는 1월부터 12월까지 1년 열두 달에 해당하는 그림이 각각 4장씩 48장으로 구성되어 있는데 이 책에서는 여러 가지 색상으로 칠할 수 있는 그림을 골라 실었습니다.

1월 송학松鶴, 2월 매조梅鳥, 3월 벚꽃, 4월 흑싸리, 5월 난초蘭草, 6월 모란, 7월 홍싸리, 8월 공산空山, 9월 국진, 10월 단풍, 11월 오동, 12월 비 등

쉽고 간단한 접기를 시작으로, 어렸을 때 한번쯤 접어보았음직한 것들을 위주로 구성.

너무 어려운 것은 제외하고 간단한 접기에서부터 중간 단계의 것을 모아, 접는 방법을 자세히 설명.
헷갈리기 쉽고 어려운 부분은 사진으로 한번 더 설명했으니 서두르지 말고 설명에 따라 정확하게 접어 보세요.

이 책의 특징

화투 그림의 의미
1월부터 12월까지 월별로 각 그림에 담긴 의미를 자세히 설명.

화투 그림 색칠 순서
처음부터 색칠해도 좋고 마음에 드는 그림을 골라 색칠해도 좋습니다.

화투 스티커 붙이기
화투 그림의 전체 모양을 생각하며, 각 스티커의 모양과 색깔을 유추해내고 순서에 맞게 붙입니다.

5		4		7	6	9	3	
6		9	5	3	8	4	2	1
3	8	2	1	9		5		6
4	2		8	1		7	6	
1	9	6				8	5	
7	3			4	5	2	1	9
	4	7	3					
		3	4	8	7	1	9	
8		1	9	6	2		4	7

숫자 놀이에 어느새 머리가 좋아집니다!

놀이 삼아 재미있게 가로세로 숫자퍼즐을 풀다 보면 자연스레 사고능력이 향상
됩니다. 숫자를 이용한 판단력은 두뇌 발달은 물론 지능 개발, 정보습득 능력과
문제의 이해를 통한 문제해결력 향상을 가져옵니다. 숫자를 이용한 문제풀이로
두뇌가 발달되어 건강한 생활을 유지할 수 있습니다.

어르신
레크레이션 북
시리즈

계속 출간됩니다~ ♥

쉬운 색칠 그림 ① 봄·여름 꽃 편
시노하라 키쿠노리 감수 | 68쪽 | 12,000원

쉬운 색칠 그림 ② 가을·겨울 꽃 편
시노하라 키쿠노리 감수 | 68쪽 | 12,000원

쉬운 색칠 그림 ③ 과일 편
시노하라 키쿠노리 감수 | 68쪽 | 12,000원

쉬운 색칠 그림 ④ 봄에서 여름을 수놓는 꽃 편
시노하라 키쿠노리 감수 | 68쪽 | 12,000원

쉬운 색칠 그림 ⑤ 야채 편
시노하라 키쿠노리 감수 | 68쪽 | 12,000원

쉬운 색칠 그림 ⑥ 화투 편
건강 100세 연구원 지음 | 72쪽 | 12,000원

쉬운 종이접기
건강 100세 연구원 지음 | 94쪽 | 12,000원

어른을 위한 스도쿠 초급 편, 중급 편
건강 100세 연구원 지음 | 84쪽 | 각 권 12,000원

어른을 위한 미로 찾기
건강 100세 연구원 지음 | 100쪽 | 14,000원

어른을 위한 낱말 퍼즐 ① ②
건강 100세 연구원 지음 | 116쪽 | 각 권 14,000원

어른을 위한 초성 게임 출간 예정

어른을 위한 쉬운 한자 퍼즐 출간 예정

어른을 위한 숨은 그림 찾기 출간 예정

어른을 위한 다른 그림 찾기 출간 예정

비타민북은 독자 여러분의 투고를 기다립니다.